Charles Ernest Beulé

Le Peintre Apelle

Et la Peinture grecque au temps d'Alexandre

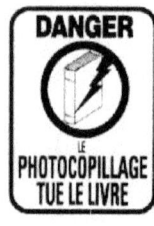 Le code de la propriété intellectuelle du 1er juillet 1992 interdit en effet expressément la photocopie à usage collectif sans autorisation des ayants droit. Or, cette pratique s'est généralisée dans les établissements d'enseignement supérieur, provoquant une baisse brutale des achats de livres et de revues, au point que la possibilité même pour les auteurs de créer des œuvres nouvelles et de les faire éditer correctement est aujourd'hui menacée. En application de la loi du 11 mars 1957, il est interdit de reproduire intégralement ou partiellement le présent ouvrage, sur quelque support que ce soir, sans autorisation de l'Éditeur ou du Centre Français d'Exploitation du Droit de Copie , 20, rue Grands Augustins, 75006 Paris.

ISBN : 978-1976528279

10 9 8 7 6 5 4 3 2 1

Charles Ernest Beulé

Le Peintre Apelle

Et la Peinture grecque au temps d'Alexandre

Table de Matières

Introduction	6
Section I	8
Section II	20

Introduction

Toutes les époques se plaignent de ne pas ressembler à l'époque qui les précède, et les fils, se comparant avec humilité à leurs pères, appellent souvent décadence les évolutions naturelles de l'esprit humain. Le mouvement est la loi du monde des idées aussi bien que du monde matériel : quand les sociétés sont à leur enfance, ce mouvement continu est un progrès; quand elles ont atteint leur maturité, ce n'est plus qu'une décadence. Dans les deux cas, l'impulsion est irrésistible, et l'humanité, qui voudrait en vain s'arrêter, cède à quelque chose de fatal.

Les Grecs, dont l'esprit était si vif et si mobile, ont fait tous leurs efforts pour lutter contre la force qui les entraînait. Leurs écoles étaient admirablement constituées, ils s'attachaient à la tradition avec une ténacité intelligente, ils prétendaient se transmettre le génie des belles choses ainsi qu'on se transmet un patrimoine, et cependant ils ont eu, comme les autres peuples, leur apogée et leur déclin. Les modernes répètent parfois que dans l'art grec la perfection est constante, préjugé banal que la science réfute aussi bien que l'histoire. Je ne sais même si les Grecs ont descendu la pente plus lentement; mais comme ils s'étaient élevés plus haut, la pente était plus longue.

En plein siècle de Périclès, au sein de l'école de Phidias, déjà les principes de Phidias sont discutés, car Alcamène, son plus brillant disciple, lui fait une opposition sourde; déjà les modèles admirables qu'il avait créés sont dédaignés, car les mêmes mains qui venaient de sculpter la frise calme et grandiose du Parthénon exécutaient loin des yeux du maître la frise du temple de Phigalie, où percent l'exagération et une certaine recherche. N'est-ce pas Thucydide, un Athénien du temps, qui s'écrie : « Dans les arts, ce qui est le plus récent est toujours préféré? » Mot profond qui résume la loi du progrès, et qui explique non-seulement l'histoire de l'art, mais la mode, les révolutions et la condition même des sociétés.

Si, au lieu de franchir quelques années, on franchit un siècle, on voit avec étonnement jusqu'où les Grecs ont été entraînés par ce besoin de nouveauté. Au siècle d'Alexandre par exemple, ce ne sont plus les artistes uniquement qui veulent plaire par des effets différents et des séductions imprévues; c'est le goût public qui a d'autres exigences, c'est chaque branche de l'art qui s'est transformée. L'architecture abandonne l'ordre dorique, l'ordre du Parthénon et des Propylées; elle se lasse de sa belle et puissante nudité, elle s'attache à l'ordre ionique, plus orné, plus délicat, et développe l'ordre corinthien, dont la richesse raffinée fera dédaigner l'ordre ionique à son tour. La sculpture ne crée plus de types majestueux, tels que Jupiter ou Minerve, et ne cherche plus dans la beauté des formes l'expression de la grandeur morale; elle se rejette sur les types secondaires : c'est Bacchus et les satyres, c'est Vénus et l'Amour, c'est l'hermaphrodite et les nymphes que sculptent Praxitèle et Scopas, monde charmant, voluptueux, où la douceur exquise des formes par le aux sens bien plus qu'à l'intelligence. La peinture, armée de toute sa science, produit des œuvres accomplies; mais elle ne sait déjà plus jeter sur les murs ses vastes décorations, elle craint de retracer la vie des héros ou les combats d'Homère : l'inspiration audacieuse et la fécondité des vieux maîtres sont perdues, on aime les sujets circonscrits et les petits cadres, où la perfection s'obtient à coup sûr à force de soins et de procédés. C'est le temps où les arts secondaires, la gravure des médailles, la glyptique, la céramique, sont en principal honneur, parce que le secret de leur puissance est plutôt la patience que le génie. La position personnelle des artistes contribue à l'amoindrissement de l'art. Leurs œuvres sont payées au poids de l'or, mais ils vivent dans la dépendance des princes. Ils travaillaient jadis pour honorer les dieux ou pour illustrer leur patrie ; ils sont désormais les courtisans des rois et satisfont leurs caprices.

 Des exemples particuliers font mieux comprendre un fait général, et la vie d'un homme illustre nous aide à pénétrer dans son époque. En racontant dans la *Revue* l'histoire du peintre Polygnote, je me suis efforcé de montrer quelle était, au lendemain des guerres médiques, la dignité de l'art; j'ai indiqué aussi son caractère. philosophique, sa portée morale. En étudiant aujourd'hui un peintre plus célèbre encore, le divin Apelle, nous verrons combien était différente, au temps d'Alexandre, la condition des artistes, ce qu'ils se proposaient, où les conduisaient leurs triomphes, et l'on en conclura peut-être que, même chez les

Grecs, passer de la grandeur austère à une perfection raffinée, c'est déjà déchoir.

Section I

Trois villes se disputaient l'honneur d'avoir donné naissance à Apelle : Cos, célèbre par ses beaux horizons, Éphèse, la magnifique, Colophon, une des sept villes qui se disaient la patrie d'Homère. Cos, pour justifier ses prétentions, montrait plusieurs tableaux du maître, sa *Vénus Anadyomène* et une autre *Vénus*, qu'il ne put achever, parce que la mort le surprit. Éphèse rappelait qu'Apelle avait passé une partie de sa vie dans ses murs, qu'il y jouissait des droits de citoyen, qu'il y avait pris ses premières leçons dans l'atelier d'Éphore. Ce qui est certain, c'est qu'Apelle était né en Asie-Mineure, qu'il avait respiré pendant ses jeunes années la mollesse et le charme enivrant de l'Ionie, qu'il avait grandi au milieu d'une société industrieuse, riche, efféminée, portée vers la volupté, qui tirait du contact de l'Orient le goût du luxe et des jouissances, qui avait contribué puissamment au développement de l'art, parce que l'art était le premier des plaisirs pour une âme grecque. C'est en Ionie que l'architecture avait revêtu ses formes les plus souples et ses lignes les plus douces ; c'est en Ionie que la peinture, si propre à flatter les sens par l'éclat du coloris, avait été tout d'abord cultivée ; c'est en Ionie que la musique faisait entendre ses accents les plus langoureux ou les plus capables d'éveiller les passions ; c'est en Ionie que se formaient, dans des écoles spéciales, ces belles et intelligentes courtisanes, dignes de converser avec les hommes d'élite et de les subjuguer, qui se répandaient ensuite dans toute la Grèce. Mais si tout fut précoce chez les Ioniens, tout n'y fut pas durable : l'égoïsme et le plaisir sont des fondements mal assurés. L'art, aussi bien que la grandeur politique, eut de promptes défaillances et de fréquentes périodes de stérilité, parce qu'il était plus occupé de plaire que de chercher ses principes ou de les transmettre. La tradition s'affaiblissait, et l'on ne trouvait plus, à des intervalles inégaux, que de brillantes personnalités.

Au moment où parut Apelle, il n'y avait point autour de lui de maître habile, L'Éphésien Éphore, dont il reçut les leçons, était un peintre médiocre, que son élève seul a sauvé de l'oubli. Apelle dut donc chercher au loin l'enseignement que ne pouvait lui offrir sa patrie. Sa bonne fortune ou plutôt une clairvoyance précoce le conduisit à Sicyone, école dorienne où il devait trouver précisément ce qui manquait aux écoles ioniennes : une science grave, la fermeté des traditions, la méthode poussée jusqu'à la rigueur. De même Phidias avait déjà prouvé que rien n'était plus fécond que l'union des principes doriens aux principes ioniens : son génie était un composé du génie des deux races.

Sicyone était située à peu de distance de la mer et dominait une partie du golfe auquel Corinthe donne son nom. Construite sur un plateau, la ville était reliée au rivage par de longs murs semblables à ceux d'Athènes. Entourée d'une plaine riche et riante, qu'elle partageait avec Corinthe, elle avait peu de puissance, mais un commerce actif, le goût des arts, la passion de la gloire. Rien de plus doux que le climat de Sicyone, rien de plus enchanteur que la vue dont on jouissait de toutes parts. A droite, c'était l'Acrocorinthe, une véritable montagne, dont les beaux rochers élevaient jusqu'au ciel des temples peints d'éclatantes couleurs. Le golfe s'arrondissait mollement au pied de l'Acrocorinthe et s'arrêtait au promontoire de Junon Acrœa, qui cachait la mer des Alcyons. Les regards se portaient alors plus loin sur les côtes de la Béotie et de la Phocide, découpées à l'infini par les flots azurés. A l'horizon se dressaient les sommets du Parnasse, de l'Hélicon, noms poétiques, du Cithéron, tragique souvenir; le ciel si pâle et si transparent de la Grèce faisait ressortir l'harmonie des contours et la variété des teintes. Un peuple qui vivait devant un pareil spectacle n'était-il pas prédestiné à l'amour du beau et à la culture des arts?

L'école de peinture qui illustra Sicyone parut tardivement, au commencement du siècle d'Alexandre. Eupompe en était le fondateur. Il avait compris qu'entre les compositions idéales ou décoratives des peintres athéniens et les tableaux fleuris ou éclatants des peintres de l'Ionie, il y avait place pour un troisième système, qui s'attacherait à l'étude de la nature, à la vérité des formes, et qui se proposerait de plaire par la science plutôt que par l'inspiration, par le caractère plutôt que par la grâce. L'esprit dorien aimait les règles, la précision, la méthode : Eupompe mit au premier rang la connaissance des proportions, il analysa le corps de l'homme, le réduisit en principes, de même que le géomètre procède par abstractions, et réussit à peindre ce prototype plus parfait que les modernes appellent le modèle académique. L'esprit dorien était exact, solide, positif, plus épris de la raison que de la poésie : Eupompe ne s'éloigna point de la réalité, copia le modèle vivant et préféra à tous les mérites le mérite d'être vrai. C'est lui qui arrêta un jour sur la place publique le sculpteur Lysippe, encore jeune et cherchant un maître. — Regarde cette foule qui s'agite sous nos yeux, lui dit-il; ton maître, le voilà, c'est la nature. — Le conseil fut suivi par Lysippe, qui inaugura chez les Grecs une tendance si marquée vers le réalisme, et. fit dans la sculpture ce qu'Eupompe avait fait dans la peinture.

Lorsque Apelle arriva à Sicyone, Eupompe était mort; Pamphile, son élève et son successeur, dirigeait l'école. Pamphile formula l'enseignement d'une manière plus ferme, l'érigea en doctrine, assura à cette doctrine la sanction des magistrats, et lui fit donner force de loi. Il proclama le premier la dignité de l'art; la pratique en fut interdite aux esclaves : seuls les hommes libres pouvaient devenir des peintres. Le dessin fut déclaré le premier des arts libéraux, les enfants des citoyens apprenaient à dessiner avant d'apprendre leurs lettres; dès que leur éducation commençait, on leur mettait dans les mains une planche de buis et un crayon. Sicyone, petite cité sans puissance politique, se jeta avec enthousiasme dans une réforme qui devait l'illustrer, et son exemple en effet gagna plus d'une ville grecque.

Dans son atelier, Pamphile ne montrait pas moins de hauteur et d'autorité. Il exigeait que ses élèves eussent une instruction étendue, que non-seulement la philosophie, la poésie, l'histoire, leur fussent familières, mais qu'ils eussent étudié les sciences, notamment les mathématiques et la géométrie. Ils s'engageaient à rester dix ans auprès de lui, parce que dix années de travail étaient à peine suffisantes pour s'initier à tous les secrets du métier. Ils lui payaient d'avance un *talent*, c'est-à-dire près de six mille francs de notre monnaie, ce qui représente une somme dix fois plus considérable aujourd'hui. Pamphile voulait ainsi créer l'aristocratie de l'art; la peinture devenait un privilège, et la richesse était une garantie de l'indépendance des peintres, de leur désintéressement, et par suite de leur dignité. Sous un système aussi absolu, qui rappelle la république de Platon, on sent percer l'utopie : la suite le fit bien voir. Quelle généreuse chimère pourtant (si c'est une chimère) que de vouloir ménager aux artistes une vie libre, affranchie de toute complaisance, entourée d'honneurs par l'état! Il faut songer d'ailleurs que, dans les villes doriennes, les institutions étaient singulièrement puissantes, et que les lois étaient appliquées avec une logique dont la rigueur tenait peu de compte des particuliers. La constitution politique de Sparte en est la preuve.

Apelle se soumit aux conditions de Pamphile, et, d'après le témoignage des anciens, il poussa plus loin encore la docilité, car Pamphile mourut après avoir désigné pour lui succéder dans la direction de l'école le peintre Mélanthe, un de ses élèves. Apelle consentit à obéir à son ancien condisciple, reçut ses leçons, et travailla en commun avec lui. Un des préceptes favoris de Mélanthe nous a été transmis, et il est très propre à jeter du jour sur la manière des peintres de Sicyone. « Il faut, disait-il, que vos œuvres respirent l'audace et la dureté. » Cette dureté, cette audace franche et un peu brutale, me paraissent bien des qualités doriennes. On croit entendre les maîtres sicyoniens ajouter : « Loin de nous la grâce, la mollesse, le coloris séduisant, la volupté de l'école asiatique! Loin de nous l'imagination, la fécondité, les créations grandioses et idéales, puis délicates et spirituelles de l'école attique! Ce que nous aimons, c'est quelque chose de vrai, de précis, d'énergique, d'impérieux, une rectitude violente, une fermeté qui approche de la raideur, des traits audacieux et durs, mais d'un effet franc, simple, direct, saisissant. Nous préférons la sévérité des lignes au charme des contours, la sagesse des compositions à l'éclat de la poésie; nous voulons avant tout le style et le caractère. Nous ne craignons point de maintenir des traditions anciennes et presque surannées, et nous ferons ce qu'ont fait les sculpteurs d'Égine pour les frontons de leur temple de Minerve. »

Ainsi le jeune Apelle, par un bonheur qu'il avait prévu et cherché, trouva dans l'école de Sicyone les tendances les plus opposées aux tendances de sa race et sans doute à ses propres tendances. Il profita de ce dualisme qui a toujours composé le génie grec, unissant par son éducation les qualités des Doriens à celles des Ioniens. Son tempérament d'artiste n'en fut pas altéré, parce qu'un tempérament généreux résiste à la compression ; il fut plutôt fortifié par une salutaire discipline et prémuni contre tous les excès. Il en résulta cet équilibre qui est la juste mesure du bien, et qui permet, autant qu'il est donné à l'homme, d'approcher de la perfection.

Pendant les dernières années de son séjour à Sicyone, Apelle avait aidé Mélanthe à peindre un tableau qui fut célèbre. C'était un portrait du tyran *Aristrate*, monté sur un char à quatre chevaux à côté de la Victoire. Lorsque plus tard Aratus délivra Sicyone et fit détruire les images des tyrans, le peintre Néalcès demanda grâce pour une œuvre aussi belle. Comme Aratus semblait inflexible, Néalcès insista en versant des larmes, et promit d'effacer la figure d'Aristrate. Il le fit, mit une palme à la place, de telle sorte que le sujet devint simplement une Victoire sur un quadrige. Il est vraisemblable qu'Apelle composa d'autres œuvres pendant un séjour de dix ans à Sicyone, mais les historiens n'en ont point conservé le souvenir. Sa réputation naissante, l'autorité de l'école à laquelle il appartenait, l'amitié de Mélanthe, le firent rechercher par le roi de Macédoine. Il se rendit auprès de Philippe, père d'Alexandre.

A cette époque, Philippe était déjà vieux. Il avait pris bien des villes, amassé bien des trésors, jeté les bases d'un empire qu'il allait transmettre à son fils, et qui devait écraser la Grèce. Les Macédoniens, ces Piémontais de la péninsule grecque, avaient pour eux une forte organisation militaire et l'unité, qui avait toujours manqué aux républiques de la Grèce, affaiblies par leurs dissensions. Relégués au nord de l'Olympe et du Pénée, ils étaient restés pendant longtemps étrangers au mouvement intellectuel des Hellènes, qui les traitaient volontiers de barbares. Les rois de Macédoine n'en mirent que plus d'insistance à revendiquer le titre de Grecs et à se faire admettre aux fêtes d'Olympie, congrès pacifique des races de même origine; ils affichèrent le goût des lettres et des arts, et si leur pays ne produisait ni poètes ni artistes, ils s'efforcèrent d'attirer à leur cour les artistes et les poètes grecs. Les exilés illustres étaient accueillis avec honneur. Ce fut en Macédoine qu'Euripide essaya de se consoler de l'injustice des Athéniens. Zeuxis avait été appelé pour décorer de ses peintures le palais du roi Archélaüs. A part les jouissances du luxe, qui touchent les princes les moins civilisés, ces démonstrations étaient plus politiques que sincères, surtout de la part de Philippe, esprit pratique, rusé, peu sensible aux belles choses, et qui n'avait de grand que l'ambition; mais Philippe savait que le meilleur moyen de conquérir les Grecs, c'était de paraître conquis à leurs idées. Apelle devint donc le peintre de la cour : il fit de nombreux portraits, non-seulement du roi, mais de son fils, de ses généraux, de ses principaux ministres. L'étude de la nature, l'analyse patiente du modèle vivant, la recherche du vrai et du réel, que lui avaient imposées les maîtres sicyoniens, le rendaient merveilleusement propre à cette tâche.

Sa faveur devint surtout éclatante lorsque Alexandre fut monté sur le trône. L'élève d'Aristote avait un amour effréné de la gloire, et montrait par là une âme vraiment grecque. S'il affectait de placer chaque nuit sous son oreiller les poèmes d'Homère, s'il feignait, même à Babylone, quand l'Asie était à ses pieds, de trembler devant l'opinion des Athéniens, il encourageait les arts avec une prodigalité folle, parce qu'il savait comment la gloire se consacre. Le désir de rendre ses traits immortels et de transmettre de lui à la postérité l'image la plus flatteuse se manifestait avec une passion intelligente, mais avec un despotisme naïf : il ne permettait qu'aux plus célèbres artistes de le représenter. Seul, Lysippe avait le privilège de sculpter ou de fondre ses statues; seul, Pyrgotèle devait graver sa tête sur les monnaies ou sur les pierres précieuses ; seul, Apelle pouvait le peindre. L'instinct des rois absolus est d'exercer sur l'art un empire direct, à leur profit personnel ou au profit de leurs caprices. Il faut avouer cependant qu'Alexandre avait, aussi bien que les simples particuliers, le droit de choisir les artistes aux mains desquels il se confiait. Même quand il n'aurait pas été exempt d'une jalousie un peu tyrannique, combien ce souci de sa propre mémoire est plus naturel que l'orgueil de nos souverains français, qui impriment les initiales de leur nom, comme un cachet de propriété, sur toutes les pierres des monuments payés avec le trésor de tous ! Et nous nous estimons heureux quand ils n'y ajoutent pas les initiales de leurs maîtresses !

Apelle fut donc pour Alexandre ce que Velasquez fut pour Philippe IV et la cour d'Espagne. « Il faut renoncer à compter, dit Pline le Naturaliste, combien de fois il a peint Philippe et surtout Alexandre. » Alexandre enfant, adolescent, homme et même dieu, c'est-à-dire tenant la foudre de son père Jupiter, Alexandre à cheval ou sur un char, couronné par la Victoire ou assisté par les Dioscures, sur son trône ou sur un champ de bataille, les compagnons d'Alexandre, ses chevaux, ses maîtresses, tantôt Clitus et Antigone, tantôt la belle Pankasté et le fougueux Bucéphale, tels furent, pendant nombre d'années, les sujets qui occupèrent son pinceau. Quel contraste avec les pages grandioses et vraiment nationales que Polygnote traçait sur le Pœcile et que Phidias sculptait sur le Parthénon ! Mais on n'était plus au temps de Cimon et de Périclès; l'ère de la liberté finissait pour les artistes comme pour les citoyens, et avec la liberté mourait la grandeur. Apelle du moins acquérait des richesses considérables, et s'il se résignait à la vie de courtisan, il ne sacrifiait ni toute sa fierté ni une certaine indépendance de langage nécessaire à l'homme qui respecte sa gloire. L'esprit et cette ironie familière que les Grecs maniaient avec tant de grâce faisaient tout passer. Une anecdote en est la preuve. On raconte qu'Alexandre était souvent dans son atelier. Tout en posant pour un de ses portraits, il discutait sur la peinture, et montrait qu'il s'y entendait beaucoup moins qu'au métier de roi. « Prends garde, lui dit un jour Apelle, ne vois-tu pas que tu fais sourire même les esclaves qui broient mes couleurs. » C'est presque Voltaire chez Frédéric le Grand. Il est probable qu'Alexandre recevait cette leçon avant son départ pour l'Asie; je doute qu'il l'eût supportée après le meurtre de Clitus et l'incendie de Persépolis. Il n'en caressait pas moins Apelle, parce que son talent devait contribuer à séduire la postérité. Il lui fit même un sacrifice propre à échauffer l'éloquence de ses biographes. Quand il voulut connaître le faste et les voluptés d'une cour asiatique, Alexandre s'entoura d'esclaves choisies et eut un véritable harem. Parmi ses favorites, la plus belle, la plus chère, était Pankasté, qu'Apelle fut chargé de peindre dans sa nudité éclatante. Le peintre devint éperdument épris de son modèle. Alexandre s'en aperçut et lui donna Pankasté. Était-ce affection? Était-ce désir d'étonner le monde? Du moins c'était grandeur d'âme.

Lorsque le Macédonien fut parti avec une poignée d'hommes pour conquérir la Perse, Apelle redevint libre. Il retourna à Éphèse, sa patrie peut-être, la ville du moins où s'était écoulée sa première jeunesse. Il ne paraît pas douteux que le choix de ce séjour eût été concerté avec Alexandre, qui prévoyait son triomphe, et qui, maître de l'Asie pacifiée, avait ainsi sous la main son peintre et son ami; mais la vie du héros fut aussi courte que sa grandeur fut rapide. Bientôt Apelle ne dépendit plus que de lui-même, et, s'il avait été mandé à Persépolis ou à Ecbatane, après la mort du roi il regagna Éphèse. Il y peignit plusieurs tableaux que l'on conservait dans le fameux temple de Diane; il y fit le portrait du grand-prêtre Mégabyse, ou plutôt il représenta la procession solennelle que conduisait le grand-prêtre.

Comme la vie d'Apelle n'est écrite nulle part, et comme il faut la déduire d'anecdotes éparses dans les auteurs, il est impossible d'en établir l'enchaînement rigoureux. Nous voyons seulement qu'après la mort d'Alexandre il usa de sa liberté pour parcourir la Grèce, qu'il dut se fixer dans différentes villes, afin d'y exécuter les œuvres qu'on lui commandait. Ces voyages, dont Polygnote, Zeuxis et bien d'autres artistes avaient donné l'exemple, étaient de véritables ovations. Les grands peintres, toujours plus populaires que les grands sculpteurs, étaient accueillis comme des demi-dieux. Apelle retourna donc à Sicyone pour revoir ses amis et ses rivaux; ce sera là, si l'on veut, qu'eut lieu ce concours célèbre dont le sujet était un cheval. Apelle, qui avait accepté le défi, s'aperçut que les arbitres étaient circonvenus par ses adversaires. Il demanda qu'on prît pour juges les animaux eux-mêmes. Des chevaux furent amenés devant l'œuvre de chaque concurrent : tous hennirent devant le tableau d'Apelle et restèrent silencieux devant les autres tableaux. Élien dénature ce récit, qui, j'en conviens, ressemble à une fable. Il prétend qu'Alexandre critiquait un jour le cheval sur lequel Apelle l'avait représenté. Le peintre fit amener un cheval vivant qui se mit à hennir en apercevant son image. « Tu le vois, dit Apelle à Alexandre, cet animal se connaît en peinture mieux que toi. » C'est mettre un propos grossier à la place d'une fiction spirituelle.

Sicyone n'est séparée de Corinthe que par quelques heures de marche. Apelle visita Corinthe. Il y rencontra près de la source Pirène et emmena chez lui la courtisane Laïs, deuxième du nom, qui avait pris des années sans vieillir, car elle était toujours belle, et sa maturité était radieuse comme les moissons dorées par le soleil.

On devine qu'Apelle voulut aussi voir Athènes, qui déjà, hélas! n'était plus que la ville des grands souvenirs. L'histoire ne dit point que les Athéniens l'aient reçu avec une faveur particulière, ni qu'ils aient souhaité quelque tableau de sa main ; on peut supposer qu'ils accueillirent froidement le favori des princes macédoniens. La tribune muette, Démosthène exilé, la terreur dans tous les cœurs, avaient montré ce que valait l'admiration d'Alexandre pour Athènes; les démonstrations flatteuses de ses successeurs cachaient une oppression plus cruelle encore. Nous savons seulement qu'Apelle assista aux fêtes d'Eleusis, où il se fit initier aux mystères, comme tous les esprits éclairés du paganisme. Ce fut au retour de la pompe sacrée, sur cette plage mollement arrondie qui forme la baie d'Eleusis et sur laquelle le flot paresseux expire sans qu'on entende son murmure, en face des montagnes de Salamine et de Mégare, dont les contours bleuâtres paraissent aussi transparents que le ciel, au milieu de toutes les splendeurs et de tous les sourires de la nature, que l'on vit tout à coup sortir de l'onde la courtisane Phryné, nue comme Vénus, belle comme une statue; puis, posée sur le sable, les pieds baignés par l'écume de la mer, elle se mit à tordre dans ses mains sa chevelure humide. Apelle fut tellement frappé de ce spectacle qu'il rentra chez lui pour en fixer le souvenir, et peignit la *Vénus Anadyomène*, c'est-à-dire son œuvre la plus accomplie. Tout le monde comprendra cette impression saisissante du beau sur une intelligence d'élite; mais les rôles étaient changés : ce n'était plus l'artiste qui concevait le tableau et qui le composait, c'était la courtisane.

Apelle visita aussi l'île de Rhodes, voyage particulièrement mémorable, parce qu'il y montre une générosité et une noblesse de sentiments qui le font aimer. Il y avait à Rhodes un peintre d'un grand talent nommé Protogène. Ce peintre, modeste, encore obscur, méconnu de ses concitoyens, était réduit à peindre des carènes de vaisseaux afin de gagner sa vie, et jusqu'à cinquante ans il fit ce métier; mais, dès qu'il avait gagné quelques oboles et acheté sa provision de lupins, il s'enfermait, et peignait les œuvres les plus consciencieuses, les plus délicates, les plus finies. Tel était, par exemple, son chasseur *Ialysus*, qu'il mit sept ans à terminer. Protogène était un esprit difficile, toujours mécontent de ce qu'il produisait, capable d'un travail opiniâtre et rigoureux.

Charles Ernest Beulé

Il était le contraire d'Apelle : l'un était sombre et concentré, l'autre radieux et expansif; l'un abandonné et misérable, l'autre heureux et riche. A toutes les époques, la fortune se plaît à opposer ainsi les destinées. Apelle du moins, qui avait vu un tableau de Protogène, sut deviner un rival, venir à son secours, le signaler à l'attention de ses contemporains, lui assurer aussitôt la célébrité et la richesse. Les Rhodiens accueillirent avec transport le favori d'Alexandre : ils avaient la passion des arts et des lettres; leurs écoles d'éloquence et de sculpture les illustrèrent pendant les derniers siècles, je ne dis pas de l'indépendance, mais de l'autonomie grecque. Quel fut donc l'étonnement de tous, lorsqu'on vit Apelle, à peine débarqué, se diriger vers l'atelier du pauvre Protogène et lui offrir d'un seul tableau 50 talens, c'est-à-dire 280,000 francs de notre monnaie! On le crut fou. « Rassurez-vous, dit-il à ceux qui l'entouraient, j'ai fait une excellente affaire. Le génie de Protogène est tel que vous serez bientôt forcés de le reconnaître; je revendrai deux fois plus cher ce tableau. »

En effet, Protogène fut dès lors renommé dans toute la Grèce. Démétrius Poliorcète, le roi Antigone, les Athéniens eux-mêmes allaient se disputer ses œuvres. On devine qu'une amitié étroite s'établit entre les deux artistes. Apelle relevait le courage de Protogène ; il lui montrait qu'il ne péchait que par l'excès de travail et la recherche d'une perfection qui reculait toujours devant lui. «Je ne l'emporte sur toi, disait-il, que parce que je sais m'imposer à temps de ne plus toucher à mon tableau. » On a souvent raconté une anecdote qui paraît puérile au premier examen, et que je crois au contraire très propre à caractériser les habitudes et les tendances des peintres de cette époque. Un jour Apelle, ne trouvant point Protogène dans son atelier, remarqua une planche posée sur le chevalet; il prit un pinceau et y traça une ligne si déliée, si égale, si fine, que Protogène, en rentrant, déclara qu'Apelle seul était capable de conduire un pinceau avec cette fermeté. Comme la détrempe avait eu le temps de sécher, Protogène choisit une autre couleur, repassa exactement sur le trait en appliquant sur la ligne qu'avait tracée Apelle une autre ligne plus mince, qui ne la cachait pas, mais qui la coupait dans toute sa longueur par le milieu. Apelle ne voulut point être vaincu : à l'aide d'une troisième couleur, il refit la même opération sur la ligne de Protogène. Il y avait donc trois traits superposés, d'un ton différent et d'une ténuité croissante. Michel-Ange pensait que ce trait formait le contour de quelque belle figure nettement esquissée; mais Pline déclare qu'on a vu longtemps à Rome ce tableau, sur lequel on ne voyait rien autre chose que la fameuse ligne droite. Mêlée à des chefs-d'œuvre de l'art grec, la planche attirait de loin par sa nudité et émerveillait de près par le tour de force des deux artistes.

Cette sûreté de main, cette délicatesse de pinceau nous font entrevoir à quelle perfection pouvaient prétendre les peintres de cette époque, de quels admirables instrumens ils étaient armés. Le dessin leur était familier dès leur enfance, non pas un dessin facile, lâché, plein de repentirs ou de raccords, mais un dessin ferme, précis, subtil, infaillible, qui traçait les formes les plus exquises avec la certitude d'un géomètre, lorsqu'il trace un cercle à l'aide du compas. Que l'on considère en effet les nombreux vases peints qui remontent au siècle d'Alexandre, on admirera la pureté des dessins qu'y traçaient rapidement les peintres employés dans les fabriques grecques : avec un pinceau enduit de vernis noir, sur une terre poreuse et sur des surfaces arrondies, ils achevaient du premier jet des compositions que les modernes désespèrent d'égaler. Puisque telle était l'exécution des simples artisans, de quoi n'étaient pas capables les peintres véritables et surtout les maîtres de l'art!

Si la générosité d'Apelle lui gagnait des amis, son talent lui attirait aussi des ennemis : ses aventures en Egypte en sont la preuve. Alexandre était mort et Ptolémée occupait l'Egypte; il n'avait pas encore pris le titre de roi, mais il en avait toute la puissance : sa cour n'avait pas pour cela moins de faste, ses flatteurs moins d'arrogance. Un jour le vaisseau d'Apelle, poussé par la tempête, dut se réfugier dans le port d'Alexandrie. Apelle se garda bien de se rendre au palais de Ptolémée, qui ne l'aimait point, qu'il avait peut-être offensé jadis par quelque propos hardi, semblable aux leçons qu'il donnait à Alexandre, et dont le ressentiment était entretenu soigneusement par Antiphilus, peintre envieux, qui se croyait le rival d'Apelle parce qu'il le haïssait. Cet Antiphilus était né en Egypte; il avait de la réputation. On vantait surtout son *Enfant soufflant le feu* ; le reflet des flammes éclairait le visage de l'enfant et toute la maison. Il avait une grande facilité, un esprit caustique, et était l'inventeur du genre de caricatures que les anciens appelaient des *grylles*. Il peignit avec une tête de porc un certain Gryllus, son contemporain, soit parce qu'il ressemblait à cet animal, soit parce que *gryllos*, en grec, signifie cochon de lait. La plaisanterie était assez grossière, mais elle eut du succès à une époque où l'art et le goût public s'affaiblissaient. On se mit à faire des caricatures du même genre, et Pompéi en montre des exemples : le pieux Énée, Anchise et le petit Ascagne n'y sont-ils pas représentés avec des têtes d'animaux? On conçoit l'aversion d'Apelle pour ce genre misérable, ses railleries et la haine d'Antiphilus.

Au lieu de se tenir prudemment à bord de son bâtiment pour repartir au premier vent favorable, Apelle voulut parcourir la ville immense et magnifique qu'avait fondée Alexandre. Il fut rencontré, reconnu; ses ennemis imaginèrent aussitôt de corrompre un des familiers de Ptolémée, qui vint, au nom de son maître, inviter Apelle à un festin. On juge de l'accueil que reçut Apelle et de la colère de Ptolémée. Sommé de désigner celui qui l'avait ainsi trompé, le peintre saisit un charbon dans le foyer éteint et esquissa sur la muraille une figure si ressemblante que le coupable était reconnu avant que le dessin fût achevé. Ptolémée, subitement radouci, combla Apelle de présents, et l'artiste, en souvenir du danger auquel il avait échappé, peignit son fameux tableau de *la Calomnie*.

Apelle dut aussi résider quelque temps à Smyrne, où il peignit dans l'Odéon une *Grâce* et *la Fortune assise*. « Je l'ai faite assise, disait-il, parce que rien n'est moins stable que la fortune. » Ce fut la dernière halte de sa vie errante. Il avait vendu aux habitants de l'île sa *Vénus Anadyomène*, qu'ils avaient placée dans le temple d'Esculape. Sur la fin de ses jours, tourmenté d'un désir de perfection qui est l'aiguillon des grands artistes, Apelle voulut lutter avec lui-même et surpasser son œuvre la plus vantée, il s'établit à Cos pour refaire une Vénus plus belle encore. La mort le surprit avant que son tableau fût achevé. En vain les habitants de Cos cherchèrent un peintre pour finir ce qu'Apelle avait commencé; aucun n'osa se mesurer avec un rival aussi redoutable, ni toucher à une ébauche qu'on regardait déjà comme sacrée : c'était le plus éclatant hommage qu'on pût rendre à sa mémoire.

Section II

La gloire d'Apelle est une des plus brillantes qu'ait consacrées l'histoire. Les modernes l'ont accrue encore, et le nom d'Apelle est dans toutes les bouches dès que l'on veut citer un peintre ancien. On peut dire qu'il est aussi populaire que célèbre, et l'on entrevoit les causes de cette faveur posthume. Sa vie unie à la vie d'Alexandre, les récits de Plutarque si goûtés de la renaissance et des siècles qui ont suivi, les anecdotes piquantes ou aimables que les auteurs grecs ou latins ont recueillies et que nous apprenons sur les bancs du collège, cet instinct non avoué qui nous fait préférer ce qui est parfait et charmant à ce qui est grand et austère, tout a contribué à étendre jusqu'à la postérité le prestige qu'Apelle exerçait sur ses contemporains. Sans contester une gloire aussi solidement établie, je voudrais du moins essayer de saisir quelques traits de la physionomie de l'artiste, quelques caractères distinctifs de son talent. En rapprochant les témoignages épars des écrivains anciens, je m'efforcerai de faire reparaître l'impression que produisaient des œuvres qui ne peuvent, hélas! revivre. Les jugements des Grecs sont si brefs, leurs descriptions si incomplètes, qu'il conviendra d'hésiter souvent; mais nous ferons ce que fait le voyageur devant les fresques effacées des vieux maîtres : par une contemplation patiente et respectueuse, il retrouve d'abord un contour, puis une figure, puis un fragment de la composition ; s'il voit peu, ce qu'il voit est vrai et ne lui donne que plus de jouissances!

Les productions d'Apelle sont de plusieurs genres : nous les classerons afin de déterminer le cercle où il faut nous enfermer. Il n'a point décoré de monuments, comme Polygnote et Zeuxis; il n'a point jeté sur les murs des temples et des portiques ces vastes pages qui valaient un poème d'Homère ou un livre d'Hérodote. Il n'a retracé ni les luttes héroïques, ni les scènes de l'olympe ou des enfers, ni les batailles des peuples. Son imagination s'élève moins haut, ses sujets sont circonscrits, il s'attache à la nature autant qu'à la beauté, et comme il ne veut rien produire que d'accompli, il prend la mesure des forces humaines, et donne à ses cadres une proportion telle qu'aucun détail ne pourra être négligé par son pinceau. Épris de la réalité, nourri des principes que professait l'école de Sicyone, il était prédestiné à être un peintre de portraits;

c'est par là qu'il commença sa carrière en aidant Mélanthe à peindre le tyran Aristrate. Attaché à la cour de Philippe et d'Alexandre pendant plusieurs années, il s'occupa uniquement d'immortaliser leurs traits. Les anciens, qui renonçaient à compter combien de fois il avait représenté Alexandre, n'en ont cité que trois images mémorables.

Le premier portrait montrait *Alexandre triomphant*, derrière son char marchait la *Guerre*, les mains enchaînées; le second le montrait *couronné par la Victoire*, tandis que *Castor et Pollux* se tenaient auprès de lui. Emportés à Rome et placés dans le forum d'Auguste, ces deux chefs-d'œuvre subirent le plus indigne des traitements : l'empereur Claude fit gratter sur l'un et l'autre la tête d'Alexandre et peindre à sa place la tête d'Auguste.

Le troisième tableau, conservé dans le temple de Diane à Éphèse, représentait *Alexandre tenant la foudre*? il se révélait comme dieu, comme fils de Jupiter, et tel était l'éclat de cette peinture, la puissance du modélé, que la foudre et la main qui la portait semblaient sortir du cadre. Ainsi la flatterie asservissait aux rois la religion et leur prêtait les attributs des dieux, mais l'art tirait de cette nécessité de nouvelles ressources et tendait vers l'idéal. Au lieu de copier les souverains tels qu'ils étaient, et parfois dans leur laideur, les peintres se résignaient volontiers à les assimiler aux dieux. L'essence de l'art grec était de tout diviniser, c'est-à-dire de tout ramener à un type. Apelle avait donc créé l'idéal d'Alexandre. Lysippe, dans ses statues, figurait le roi la tête légèrement penchée sur l'épaule gauche, les yeux pleins de mollesse et de douceur, tandis que le front, par sa puissance et ses saillies, rappelait la face du lion. C'était le souverain bienfaisant qu'il montrait, tandis qu'Apelle faisait voir le conquérant plus rapide que l'éclair, le héros semblable aux dieux. Je crains que cet idéal n'ait flatté plus vivement Alexandre, car il répétait volontiers qu'il y avait deux Alexandre, le fils invincible de Philippe et le fils inimitable d'Apelle. Ce fils inimitable était donc quelque chose de supérieur à la réalité ; sa beauté était créée par l'artiste, qui ne copiait l'original que pour le transfigurer. La difficulté fut autrement grande pour le peintre lorsqu'il dut faire le portrait d'Antigone, un des généraux et plus tard un des successeurs d'Alexandre. Antigone était borgne, et l'on sait combien l'art grec répugnait à reproduire ce qui était difforme, car la difformité est pire que la laideur. Apelle présenta la figure d'Antigone de trois quarts, et distribua de telle sorte la lumière et les ombres portées que l'infirmité du roi fut tout à fait dissimulée. « Il semblait, dit Pline, que ce fût au portrait et non au modèle qu'il manquât quelque chose, » voulant dire par là que l'œil malade se modelait dans l'ombre et s'y perdait. Cette suprême habileté à sauver les défauts de l'original ravit les contemporains : ils déclaraient que le portrait d'Antigone était un des chefs-d'œuvre du peintre; deux fois l'épreuve fut tentée et le tour de force accompli. Le premier portrait, celui qu'on mettait au-dessus de tous les autres, représentait *Antigone à cheval*; le second le montrait *marchant à pied*, revêtu d'une cuirasse, conduisant son cheval par la bride.

On cite parmi les autres portraits d'Apelle *Clitus* à cheval, partant pour la bataille et prenant son casque des mains de son écuyer, *Néoplolème* combattant à cheval contre plusieurs Perses, *Archélaüs* avec sa femme et sa fille, *Ménandre*, roi de Carie, *Habron*, *Ancée*, l'acteur *Gorgosthène*, la belle *Patikasté*, la seule femme qu'il ait peinte; elle était nue et en pied. Enfin Apelle avait fait son propre portrait. Tous ces tableaux, car c'étaient de véritables tableaux, sont à peine indiqués par les auteurs anciens; mais leurs indications suffisent pour guider notre imagination et pour nous faire voir chaque personnage mis en scène, agissant, entouré de sa famille, de ses serviteurs, de ses ennemis vaincus. Parfois des figures allégoriques ajoutent à la noblesse du sujet. La plupart des portraits sont équestres, et lorsque les Grecs racontent que les chevaux vivants hennissaient devant un cheval peint par Apelle, on sent que ce n'est qu'une exagération spirituelle, comme les raisins de Zeuxis que des oiseaux venaient becqueter, comme le rideau de Parrhasius que son rival se préparait à tirer; c'est une façon de rendre la louange plus piquante et de dire que le talent de l'artiste faisait illusion, qu'il imitait la nature avec une précision saisissante. Les chevaux du Parthénon nous apprennent qu'elle devait être la beauté des coursiers sur lesquels Apelle représentait ses héros. Jamais peut-être l'image de l'homme n'a été entourée de plus de grandeur, soit qu'elle fût assimilée à celle des dieux, soit que le vaste cadre où elle était disposée, et les attributs qui la rehaussaient, fissent mieux sentir sa puissance et sa majesté.

Charles Ernest Beulé

Les figures allégoriques qu'introduisait Apelle, la Victoire par exemple et surtout la Guerre, accusent une tendance qui est propre à l'artiste encore plus qu'à son siècle, et qui nous conduit à parler de ses autres productions.

Apelle, dont l'imagination était riante et facile, mais craignait les grands efforts, ne s'est point aventuré dans le monde des créations pures. Ces types nombreux que les artistes des époques précédentes se plaisaient à enfanter, ces manifestations variées de la beauté qui se résumaient en une seule personne, Jupiter ou Junon, Apollon ou Minerve, Neptune ou Vénus, ne l'attiraient point; ces êtres que les poètes avaient faits plus grands que l'homme, et que les artistes avaient faits plus beaux, il ne cherchait point à retracer leur histoire, leur légende, leurs luttes, leurs amours. Il préférait ce jeu d'esprit qui donne un corps aux qualités ou aux vices de l'humanité, et qui a tant charmé les modernes par des combinaisons ingénieuses et froides, je veux dire l'allégorie. Le célèbre tableau de *la Calomnie*, qui est décrit par Lucien, expliquera mieux que je ne pourrais le faire comment le grand artiste entendait l'invention.

Sur la droite du tableau, dit Lucien, on voit un homme avec de grandes oreilles, assisté de deux femmes, l'*Ignorance* et le *Soupçon*, cet homme, qui tend de loin la main à la Calomnie, c'est le *Public*, crédule, envieux, avide de scandale, et qui croit au mal plus volontiers qu'au bien. De l'autre côté s'avance la *Calomnie*, ses traits sont ceux d'une femme admirablement belle, son expression est fière, un peu crispée : on sent la colère et la passion. D'une main elle tient une torche allumée, de l'autre elle traîne par les cheveux un jeune homme qui lève les bras vers le ciel pour attester les dieux. Elle est conduite par un homme pâle, défait, aux yeux caves, au regard sombre, l'*Envie*, et par ses deux compagnes inséparables, la *Tromperie* et l'*Embûche*. Elle est suivie par une figure triste, lugubre, aux vêtements déchirés, le *Repentir*, qui tourne en arrière ses regards pleins de honte et contemple la *Vérité*, qui s'approche.

Certes voilà une œuvre compliquée, qui pouvait se compliquer encore à l'infini, car nos vices et nos vertus sont sans nombre et se tiennent par mille liens. Le spectateur était attaché, sentait la moralité du sujet, devinait peu à peu le sens de chaque figure et se réjouissait de sa pénétration; mais est-ce là le but véritable de l'art? De telles conceptions, subtiles et savantes, ressemblent-elles en rien à de l'inspiration ? Je n'ose critiquer davantage un sujet qui a plu aux maîtres modernes, et que plus d'un guidé par la description de Lucien, a voulu faire revivre. Ainsi *la Calomnie* d'Apelle a été retracée sur une faïence que l'on conserve à Rome ; Holbein en faisait un frontispice pour Froben, l'imprimeur d'Érasme ; notre Poussin, après avoir été éloigné de Paris par les intrigues de Vouet, se consolait en peignant le tableau que l'on a vu à Venise dans le palais Manfrin. Cependant ce genre de composition fatigue promptement, et il ne peut se soutenir que par la force de l'exécution. Comme c'était précisément le talent d'Apelle, on conçoit qu'il ait fait un chef-d'œuvre. En personnifiant des abstractions, des idées morales, il suffisait de trouver de beaux modèles d'hommes et de femmes. Tout modèle pouvait devenir indifféremment un vice ou une vertu, selon l'expression et l'ajustement que lui donnait le peintre. Là aussi Apelle pouvait suivre ses habitudes, copier la nature, et agencer harmonieusement une série d'études qui étaient encore des portraits.

On soupçonne plus de hardiesse et de création dans les tableaux où il voulut personnifier les forces de la nature, ses accidents les plus terribles et les plus rapides : il entreprit de figurer le *tonnerre*, *l'éclair*, la *foudre qui tombe*. Nous n'avons aucun détail sur ces images si difficiles à saisir ; mais d'après les noms grecs *bronté, astrapé, kéraunobolia*, il est vraisemblable que c'étaient des femmes qui, par leur expression et leurs attributs, faisaient comprendre le sujet au spectateur. On peut surtout conjecturer que l'exécution en était éclatante et que le feu du ciel jetait sur les personnages des reflets inaccoutumés. Le succès qu'avait obtenu le portrait d'*Alexandre tenant la foudre* encouragea sans doute l'artiste à chercher pour son pinceau ce nouveau triomphe.

Une des œuvres les plus renommées d'Apelle était une série de portraits habilement mis en scène. Pendant qu'il habitait Éphèse, sa patrie d'adoption, il représenta « le grand-prêtre Mégabyse offrant un sacrifice dans le temple de Diane, entouré des prêtres, des sacrificateurs, des magistrats de la ville. » C'était un peu ce que l'on appelle aujourd'hui de la peinture officielle : on y retrouvait l'exacte ressemblance de la plupart des personnages. Il faut que l'imagination y ajoute la majesté de l'architecture, la beauté des costumes, la pompe sacrée, les vases, les fleurs, les ornements les plus précieux, afin de sentir toute la grandeur et toute la richesse du tableau. L'on pourra, comme point de comparaison, songer à une messe dans la chapelle Sixtine ou à l'exaltation d'un pape porté en cérémonie dans la basilique de Saint-Pierre. Peut-être faut-il voir un pendant à cette œuvre dans le tableau qui représentait « Diane au milieu d'une troupe de jeunes vierges qui sacrifient. » Comme Diane était la grande divinité d'Éphèse, il est possible qu'Apelle ait voulu faire aussi le portrait des prêtresses du sanctuaire et des filles des principaux citoyens.

Les auteurs mentionnent encore la figure qu'il peignit dans l'Odéon de Smyrne : c'était une *Grâce* vêtue. Il fit aussi *la Fortune*, non pas debout, mais assise, *Hercule*, la tête détournée; mais les raccourcis étaient si savants et si fins que la ressemblance se trahissait : on ne devinait pas seulement les traits du fils d'Alcmène, on les voyait. Il ne faut pas oublier un *Héros nu*, défi porté à la nature, imitation si puissante du modèle qu'elle causait un certain frisson : on sentait le tableau s'animer, et la figure semblait prête à se mouvoir. Apelle représenta encore des mourans, et l'on pouvait dire d'eux ce que l'on disait des *mourans* du Thébain Aristide, « que l'on comptait avec angoisse combien de temps il leur restait à vivre. »

Enfin le chef-d'œuvre d'Apelle, l'objet de l'admiration de toute l'antiquité, c'était sa *Vénus sortant des ondes*, souvenir de la belle Phryné, qui avait posé pour ce tableau, car Apelle aimait les courtisanes, il recherchait les plus célèbres, dont c'était le siècle et le règne; il faut même lui savoir gré de n'avoir pas fait de peintures licencieuses, comme en faisaient volontiers la plupart de ses contemporains. La corruption des mœurs suivait l'abaissement des caractères. La *Vénus Anadyomène* excita la convoitise des Romains. Auguste l'acheta aux habitants de Cos moyennant cent talens, qui répondent à 560,000 francs de notre monnaie, et en réalité ce prix équivaut à plus de cinq millions d'aujourd'hui. Ce merveilleux tableau fut placé dans le temple de César, car la famille des Jules prétendait descendre de Vénus. Plus tard il s'altéra dans sa partie inférieure, et, quoiqu'on invitât les artistes à le restaurer, personne n'osa y toucher. Admirable leçon pour les profanateurs modernes! Sous le règne de Néron, le bois continuant de se pourrir et la couleur se rongeant de plus en plus, l'empereur en fit faire une copie par le peintre Dorothée.

Ainsi le cercle où s'est enfermé Apelle est restreint. La science dominait chez lui l'imagination, la grâce l'emportait sur la fécondité, l'esprit sur la force, l'habileté sur l'invention. Ce n'était point par la grandeur des sujets qu'il voulait frapper les âmes : il préférait les ravir par la beauté des figures et la perfection des détails. On peut dire qu'il a été surtout un homme d'exécution. Par une étude approfondie de la nature, unie au sentiment le plus exquis, il réalisait des types qu'il ne créait pas, mais qui s'offraient à ses yeux. Il les choisissait, il les combinait, il les divinisait au besoin; seulement, au lieu de descendre de l'idée à la forme, il s'élevait à l'idéal par l'observation. Pénétré des idées des maîtres sicyoniens, accoutumé par une éducation prolongée à respecter le modèle vivant et à se jouer de toutes les difficultés qu'il présentait, armé du pinceau le plus souple et le plus savant, il a su allier les qualités charmantes du génie ionien aux qualités plus énergiques du génie dorien. Il se vantait de n'avoir jamais passé un jour sans s'exercer la main, voulant dire que son adresse merveilleuse était le fruit du travail bien plus qu'un don du ciel. Il avait l'aversion de tout ce qui ressemblait à la hâte ou à la négligence. Quand un artiste à la main leste, quelque *fa presto* de l'époque, lui montrait avec orgueil un tableau fait en un jour : « Cela se voit bien, lui disait-il; j'aurais même cru que tu l'avais fait en une matinée. »

Il aimait les critiques, il les provoquait pour en profiter. Il exposait quelquefois ses tableaux et se cachait pour entendre les réflexions du public. Tout le monde connaît l'histoire de ce cordonnier qui blâmait un jour les sandales qu'Apelle avait mises aux pieds d'un de ses héros. Le lendemain, l'erreur était corrigée, tant ce talent patient et soigneux voulait ne négliger aucun détail! Mais le travail ne laissait point de traces dans les œuvres du maître; son respect pour les procédés pratiques ne comprimait point chez lui le naturel, l'essor, la grâce. Possédant plus que personne cette mesure qui est l'essence de l'esprit grec, il savait s'arrêter à propos et atteindre le juste tempérament qui constitue la perfection. Il déclarait lui-même qu'il ne l'emportait sur Protogène que parce qu'il cessait à temps de toucher à ses tableaux.

Son dessin était si sûr, si précis, qu'il égalait le modèle même; il en saisissait le trait caractéristique et la beauté particulière de telle sorte que ses portraits devenaient plus vrais que les originaux. Sa mémoire le secondait puissamment, elle retenait les formes, les lignes, toutes les ressemblances. Il lui suffisait d'avoir vu une fois un familier de Ptolémée pour le dessiner de souvenir et le faire reconnaître de toute la cour. Les astrologues grecs prétendaient que devant un portrait d'Apelle rien ne leur était plus facile que de deviner combien d'années avait vécu le personnage qui était représenté, ou combien d'années il avait encore à vivre. Ses modèles et ses raccourcis étaient admirés par les autres artistes, et toute la Grèce disait d'*Alexandre tenant la foudre* que sa main sortait du cadre, de même que nous dirions du *Saint Jean-Baptiste* de Raphaël « qu'il va sortir de la toile et parler. » Il alliait à l'art le plus raffiné une noble simplicité et l'horreur de l'ostentation. Un artiste lui montrait une *Hélène* qu'il venait de peindre et qu'il avait couverte de bijoux et d'ornements : « Ne pouvant la faire belle, lui dit-il, tu l'as faite riche. » Si la science d'Apelle péchait toutefois par quelque côté, c'était par la composition. Les connaisseurs trouvaient que Mélanthe le Sicyonien composait mieux que lui ses tableaux; ils ajoutaient qu'Asclépiodore l'emportait par la beauté des proportions et des ordonnances. Apelle lui-même, après avoir visité toute la Grèce et admiré les tableaux des anciens maîtres, avouait, avec une sincérité qui se composait de modestie et d'un légitime orgueil, qu'il était inférieur aux uns, supérieur aux autres par telle ou telle qualité, mais qu'aucun d'eux n'avait possédé au même degré que lui ce charme suprême qui s'appelle la *grâce*; tous ses contemporains confirmaient ce jugement.

Si l'on veut se figurer ce que devait être la grâce dans l'art antique après Phidias et Zeuxis, après Apollodore et Praxitèle, il faut songer au Corrège, à Léonard de Vinci, à Raphaël, évoquer les impressions célestes que nous font éprouver leurs œuvres, les combiner comme on combine les parfums les plus délicieux, et je ne sais si l'on approchera assez de la vérité. Pour que la Grèce, mère des séductions et des sourires, riche de milliers d'œuvres où respiraient la grâce et la volupté idéale, s'étonnât de quelque nouveauté en ce genre et se déclarât charmée par un attrait supérieur à tous les autres, il fallait qu'Apelle fût un merveilleux enchanteur. La grâce, pour les Grecs, était à la fois la chose la plus familière et la plus indéfinissable : tous la sentaient par un tact, par un tressaillement subit, aucun n'aurait entrepris de dire où elle résidait. Ils en avaient fait une divinité, *Charis*, et l'adoraient : Apelle avait payé l'hommage qu'il devait à sa déesse inspiratrice en la peignant dans l'Odéon de Smyrne. Quant aux Romains, renonçant à traduire l'émotion qu'ils éprouvaient devant les œuvres d'Apelle, ils employaient le mot *venustas*, comme pour dire que c'était la beauté, la séduction, la puissance irrésistible, l'essence même de Vénus. Comment donc les modernes pourraient-ils se figurer, même grossièrement, tant de prestige, eux qui ne verront jamais le plus petit débris d'un tableau d'Apelle ? Tous les efforts d'imagination sont stériles, car, pour refaire par la pensée une figure d'Apelle, il faudrait avoir autant de génie que lui. L'attitude décente et noble, les poses pleines d'un touchant abandon, la pudeur rougissante du visage, les lèvres animées par un sang généreux, le sourire aimable et d'une chasteté voluptueuse, le regard humide, profond comme la mer azurée, le modelé admirable des formes, le ton des chairs qui semblent baignées par la lumière plus pure de l'Olympe, l'harmonie des contours enivrante comme une caresse, la transparence des voiles qui paraissent s'attacher amoureusement à un beau corps et se pénétrer de sa vie, en vain nous évoquons les images les plus radieuses : notre esprit ne peut secouer ses ténèbres. Si les peintres exercent par leurs tableaux plus de séductions que les sculpteurs, s'ils sont de leur vivant plus populaires, le temps venge les sculpteurs et les relève. Après vingt-quatre siècles, les marbres du Parthénon nous révèlent encore Phidias, tandis qu'Apelle est mort tout entier.

Du moins savons-nous, par les témoignages des auteurs du temps, qu'Apelle était un coloriste et qu'il s'écartait de l'austérité des tons de l'école de Sicyone. Là reparaissait son tempérament d'Asiatique, car les Ioniens avaient le goût de l'éclat, des couleurs gaies et fleuries. Tantôt il donnait à ses déesses ou à ses courtisanes divinisées une chair blanche et lumineuse qui ne trahissait rien d'un sang mortel; tantôt il projetait sur la poitrine et le visage d'Alexandre les reflets enflammés de la foudre qu'il portait, et l'impression était si saisissante qu'on croyait voir le roi de l'olympe. En même temps, se défiant de sa tendance à prodiguer ou la pâleur ou l'éclat, il s'attachait à fondre les tons, à les dégrader par nuances, à passer, à l'aide de transitions savamment ménagées, de l'ombre à la lumière: les parties obscures soutenaient et faisaient ressortir les parties claires; c'est l'art où quelques maîtres modernes, Léonard de Vinci surtout, ont excellé. Ce n'était point assez : pour obtenir une harmonie plus douce et plus parfaite, il avait un secret qui lui était propre. Il appliquait sur son tableau terminé une teinte, une sorte de vernis qui rendait plus sourdes les parties brillantes, qui faisait briller les parties sombres : quoique sensible au toucher, cependant l'enduit était fin et transparent ; de loin on croyait voir la peinture à travers un verre. Était-ce cette gomme précieuse que produit encore l'île de Chio, et dont l'art moderne fait usage? Apelle avait tenu caché son procédé, il ne le consigna même pas dans ses écrits, car il composa des traités sur la peinture et les dédia à Persée, son élève préféré, mais obscur, dont il sauva ainsi le nom de l'oubli.

Si l'on compare Apelle à Polygnote, le grand peintre du siècle d'Alexandre au grand peintre du siècle de Périclès, on sent, par l'opposition de leur vie aussi bien que de leurs œuvres, combien les époques sont différentes, combien, en moins de cent cinquante ans, la société grecque s'est altérée et l'art amoindri. Les deux artistes quittent leur patrie et se fixent successivement dans divers pays, mais Polygnote pour être indépendant, Apelle pour plaire aux rois; le premier donne ses œuvres sans salaire, le second les fait payer au poids de l'or; le premier se voit sollicité par les villes les plus fameuses, qui lui offrent leurs temples à décorer, le second recherche la faveur des souverains et craint leur colère. Polygnote, libre dans des républiques libres, va de pair avec les plus grands citoyens, il n'accepte que les honneurs du Prytanée, et ce sont les peuples qui acceptent ses bienfaits; Apelle, enjoué, délicat, spirituel, ne réussit qu'à sauvegarder sa droiture sur le terrain glissant des cours. Tous deux ont aimé les belles femmes ; mais Polygnote prenait pour maîtresse Elpinice, fille et sœur de rois, tandis qu'Apelle emmenait chez lui la courtisane Laïs, qu'il rencontrait à la fontaine, ou bien une royale concubine qu'Alexandre daignait lui abandonner. Quelque part qu'abordât Polygnote, il était accueilli comme un triomphateur; Apelle redoutait certains parages où régnaient les princes qu'il n'avait point su captiver. Polygnote regardait l'art comme quelque chose de sacré, comme une sorte de sacerdoce; Apelle exerçait sur l'art une royauté douce, séduisante, généreuse, mais lui-même n'était qu'un courtisan. Aussi quel souffle fier et hardi anime les compositions de Polygnote! Il lutte avec Homère, génie contre génie; il représente les combats des héros, les exploits des demi-dieux, les victoires des Athéniens ou cette lamentable prise de Troie, pleine d'enseignements et de tragique grandeur. Quelle prudence au contraire et quelle passion pour la réalité attachent Apelle à la terre, au temps présent, au modèle qui pose sous ses yeux ! Bien loin Jupiter et Minerve, incarnation de l'intelligence divine! bien loin Apollon et les Muses, Castor et Pollux, Achille et Ulysse! bien loin Marathon ou Salamine, et ces glorieux tableaux tirés de l'histoire nationale qui faisaient battre le cœur des Grecs et leur apprenaient à mieux chérir la patrie! Voici Philippe le rusé dont il faut ennoblir les traits, voici le bel Alexandre dont il faut dissimuler l'épaule plus haute, voici Antigone dont il faut cacher l'œil borgne, voici Bucéphale devant qui on fera hennir des cavales pour prouver à Alexandre que son cheval favori est bien ressemblant. Certes les tableaux d'Apelle, d'une exécution incomparable, étaient parfaits ; mais dans quelles humbles limites s'enfermait sa perfection! Quand Polygnote fut vieux, son esprit s'ouvrit plus que jamais aux pensées graves, religieuses : il contemplait la mort en souriant, il se plaisait à sonder le lendemain de la vie, la destinée de l'âme immortelle, et il s'inspirait de ces nobles réflexions pour peindre sur les immenses parois de la *Lesché* de Delphes les *Champs-Elysées*, séjour des bienheureux, les *Enfers*, séjour des coupables, pour donner à son art une portée morale, une philosophie éloquente qui touchait profondément le spectateur. Lorsque Apelle sentit son déclin, il revint à Cos, se plaça devant son chef-d'œuvre, la *Vénus Anadyomène*, c'est-à-dire devant l'image de la courtisane Phryné, et entreprit de refaire une Vénus plus belle encore, d'obtenir des contours plus purs, des modelés plus puissants, des lignes plus exquises, une expression plus enivrante; en un mot, il poussa à outrance sa lutte avec la nature et avec lui-même : son âme ne connaissait d'autre idéal que la forme, d'autre souci que la perfection matérielle. La vieillesse des deux grands peintres est bien d'accord avec le reste de leur vie, et elle la résume : c'est que les caresses des rois sont plus funestes parfois que leur disgrâce; c'est que la liberté, que tant d'hommes calomnient ou rejettent, double la puissance du génie, parce qu'elle lui laisse toute sa dignité.

ISBN : 978-1976528279

www.ingramcontent.com/pod-product-compliance
Lightning Source LLC
Chambersburg PA
CBHW050253230526
45470CB00005B/2252